NATIONAL
GEOGRAPHIC
KiDS

Bizarre mais vrai!

LA NOURRITURE

NATIONAL GEOGRAPHIC KiDS

Bizarre mais vrai!

LA NOURRITURE

300 infos sur des aliments surprenants

4

LE CRABE DES COCOTIERS A DES PINCES SUFFISAMMENT FORTES POUR OUVRIR DES NOIX DE COCO.

MANGER DE LA **CRÈME GLACÉE** FAIT **GRIMPER** LA TEMPÉRATURE DU CORPS.

AU DÉBUT, LE NUTELLA ÉTAIT VENDU SOUS FORME DE PAIN DUR.

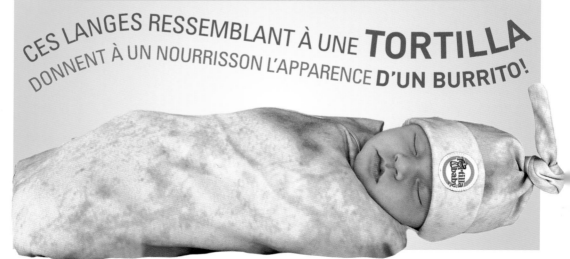

CES LANGES RESSEMBLANT À UNE **TORTILLA** DONNENT À UN NOURRISSON L'APPARENCE **D'UN BURRITO!**

LIME + KUMQUAT = LIMEQUAT

Le nom « **canneberge** » viendrait de la ressemblance entre la tige de la **fleur** et une **canne de berger.**

MANGER DE L'AIL PEUT AIDER À SOIGNER UN RHUME.

40 LITRES D'EAU D'ÉRABLE PERMETTENT DE FAIRE 1 LITRE DE SIROP.

Selon une étude récente, les **Américains** ont plus souvent une **envie** de **fromage** que de toute autre nourriture.

Un **raisin**, coupé en deux prendra **feu** s'il est **chauffé** au four à micro-ondes.

NE FAIS PAS ÇA À LA MAISON!

9

Le **sannakji,** un plat traditionnel coréen, est fait de **morceaux de pieuvres** dont les tentacules **se tortillent encore.**

Les tomates font partie de la famille de la belladone, une plante très toxique.

DES IMPRIMANTES **3D** pourraient bientôt être utilisées pour préparer les **repas** des astronautes dans l'espace.

La nourriture a un goût **plus sucré** quand on mange en écoutant **des notes de musique** aiguës.

Une année, PFK a vendu pour les bals des finissants des **corsages de poignet** agrémentés d'un pilon de poulet frit.

13

VRAIE IMAGE!

UN GROUPE DE MUSIQUE A ENVOYÉ UNE **POINTE DE PIZZA** DANS L'**ESPACE** POUR L'UN DE SES VIDÉOCLIPS.

AU MOYEN ÂGE, LES GENS, METTAIENT DES **BRINS DE THYM** SOUS LEUR OREILLER POUR **PRÉVENIR** LES CAUCHEMARS.

On peut utiliser de la **mayonnaise** pour **polir** les **touches** d'un **piano**.

Ce gâteau gigogne dissimule une tarte aux cerises, une à la citrouille et une aux pommes sous son glaçage.

EN AUSTRALIE, les céréales **Rice Krispies** s'appellent **Rice Bubbles.**

LE MOT
ABRICOT
VIENT DU MOT ARABE
DÉSIGNANT UNE
PRUNE!

MYCOPHOBIE :
PEUR DES CHAMPIGNONS

QUI A PEUR DE MOI?

Les zucchinis
peuvent devenir aussi longs
que trois bâtons
de baseball
mis bout à bout.

LES RESTAURANTS McDONALD'S ACCUEILLENT CHAQUE JOUR PLUS DE 70 MILLIONS DE CLIENTS DANS PLUS DE 100 PAYS.

IL FAUT ENVIRON

25
TOMATES

POUR PRODUIRE UNE
BOUTEILLE DE 375 ml
(12,5 oz)
DE KETCHUP.

23

Le boudin noir, un plat typique britannique, est fait d'avoine et de sang de porc.

LE CAFÉ

A ÉTÉ LE **PREMIER ALIMENT** LYOPHILISÉ (DESSÉCHÉ).

Le « chyme » désigne les aliments partiellement digérés dans l'estomac.

Au départ, les fondateurs de **Ben & Jerry's** voulaient faire des **bagels** au lieu de la **crème glacée.**

LE **PLUS GROS CHOU AU MONDE** ÉTAIT AUSSI LOURD QU'UN **SAINT-BERNARD.**

UNE
« **LANGUE**
DE
CHAT »
EST UN
PETIT
BISCUIT
DE FORME
OBLONGUE.

Dans les
années **1960,**
il existait du
Jell-O à
saveur de céleri.

LA
SAUCE
WORCESTERSHIRE
EST FAITE À PARTIR D'ANCHOIS
MACÉRÉS DANS DU VINAIGRE.

27

LES **AGRICULTEURS** D'OAXACA, AU **MEXIQUE,**

CÉLÈBRENT LA **NUIT DES RADIS** LE 23 DÉCEMBRE

EN SCULPTANT DES **RADIS** EN FORME DE **GENS** ET DE PERSONNAGES FOLKLORIQUES.

29

LE CIBRÈO EST UN PLAT TRADITIONNEL ITALIEN À BASE DE **CRÊTES DE COQ** (LA PARTIE ROUGE ET CHARNUE SUR LA **TÊTE** DE CES **OISEAUX**).

Le **petit gâteau** le plus cher du monde contient de l'or comestible 23 carats et coûte **1 000 $.**

CERTAINS NAVETS PÈSENT AUTANT QU'UN ENFANT DE HUIT ANS.

LA RECETTE ORIGINALE DU

GÂTEAU QUATRE-QUARTS

NÉCESSITAIT UNE LIVRE (450 g) DE

CHACUN

DE CES 4 INGRÉDIENTS :

BEURRE, ŒUFS, SUCRE ET FARINE.

L'estomac humain peut contenir près de 2 litres (½ gallon) de nourriture et d'eau.

Vincent Price, vedette de films d'horreur classiques, a aussi écrit un **livre de cuisine.**

Crus, les **haricots rouges** peuvent être **toxiques** (mais ils sont sans danger une fois cuits)!

Des **scientifiques** ont créé une **crème glacée sans produits laitiers** à partir d'ingrédients d'origine végétale.

USAIN BOLT, L'HOMME LE PLUS RAPIDE AU MONDE, COURT LE 100 MÈTRES À LA MÊME VITESSE QUE LE **KETCHUP JAILLIT** D'UNE **BOUTEILLE.**

33

TES PAPILLES GUSTATIVES ONT UNE DURÉE DE VIE D'ENVIRON 10 JOURS.

ENSUITE, ELLES SE RÉGÉNÈRENT !

IL EXISTE PLUS DE 100 TYPES DE LAITUE.

Après le pétrole, le **café** est la marchandise qui a le plus de **valeur** dans le monde.

Les Romains aimaient TELLEMENT LA **sole**, un poisson plat, QU'ILS L'ONT SURNOMMÉE LA « **semelle de Jupiter** », D'APRÈS LE ROI DE LEURS DIEUX.

APRÈS S'ÊTRE POSÉS SUR LA LUNE, LES **ASTRONAUTES** NEIL ARMSTRONG ET BUZZ ALDRIN ONT MANGÉ DES **SANDWICHS** AU **JAMBON.**

Le président Andrew Jackson avait une **VACHE LAITIÈRE** sur la pelouse de la **Maison-Blanche.**

CROISSANT + BAGEL =
CROGEL

TECHNIQUEMENT
PARLANT, LES
OLiVES
SONT DES
FRUITS.

Sentir du **romarin** améliorerait la mémoire.

La peau des **noix** de **cajou** peut causer des démangeaisons.

Des tatouages à l'encre comestible remplaceront bientôt les étiquettes sur les fruits vendus en épicerie.

POMME GALA

ON A SERVI ENVIRON 265 000 LITRES (70 000 gallons) **DE BORTSCH, UNE SOUPE AUX BETTERAVES, PENDANT LES JEUX OLYMPIQUES DE 2014 EN RUSSIE.**

LE FRUIT DU CUPUAÇU A UN PARFUM DE CHOCOLAT ET D'ANANAS.

La nourriture étant rare pendant la Deuxième Guerre mondiale, les gens cuisinaient de « fausses bananes » à partir de navet bouilli, de sucre et d'arôme de banane.

43

DANS UN RESTAURANT DE TAÏWAN, LES TABLES, LES CHAISES, LES ASSIETTES ET LES DÉCORATIONS SONT EN CARTON!

Les Romains de l'Antiquité mangeaient **des fraises** pour combattre la mauvaise haleine.

Le piment **le plus piquant** au monde **s'appelle** la « **Faucheuse de la Caroline** ».

POUR LE **FESTIVAL** ANNUEL **DU NAVET** DE RICHTERSWIL, **EN SUISSE,** ON ÉVIDE ENVIRON **26 TONNES** DE NAVETS POUR ENSUITE LES ILLUMINER.

En Corée du Sud, les **hotdogs** enrobés de frites sont une nourriture de rue très populaire.

48

Si tu laves tes vêtements avec une cuillerée à café de poivre noir, leurs couleurs resteront vives.

LE CASU MARZU, UN **FROMAGE** INFESTÉ D'ASTICOTS VIVANTS ET **GROUILLANTS,** EST UN METS DE CHOIX EN **ITALIE.**

LES **100** PLIS DE LA TOQUE D'UN CHEF CUISINIER REPRÉSENTERAIENT TOUTES LES FAÇONS POSSIBLES D'APPRÊTER UN ŒUF.

La mascotte de **Kool-Aid** a été la vedette d'un jeu **vidéo** dans les **années** 1980.

AU FESTIVAL D'ÉTÉ DE BARNESVILLE (MINNESOTA), AUX ÉTATS-UNIS, DES LUTTEURS S'AFFRONTENT DANS UNE ARÈNE REMPLIE DE PURÉE DE POMMES DE TERRE.

ON PEUT ALLUMER UN FEU DE CAMP À L'AIDE D'UNE ORANGE.

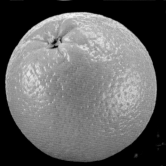

Le cofondateur de **Nike** s'est inspiré des **gaufres** pour créer la **semelle texturée** de ses **chaussures** de **sport.**

AU GROENLAND, LE **MUKTUK** EST UN PLAT TRADITIONNEL DE NOËL À BASE DE **PEAU** DE **BALEINE CRUE** ET DE **LARD.**

LES CHINOIS APPELLENT LEURS BAGUETTES DES **KUAI ZI,** CE QUI VEUT DIRE « PETITS BONSHOMMES RAPIDES ».

54

Au Japon, on vend de petites glacières sur roues pour le transport des melons d'eau.

La **chérimole,** **un fruit** d'Amérique du Sud, a une saveur de **gomme** **à bulles.**

IL Y A 2 000 ANS, LES CHINOIS UTILISAIENT DES PIMENTS FORTS POUR GUÉRIR LEURS MAUX DE TÊTE.

Seules les canneberges mûres rebondissent.

UNE PÉNURIE DE **BEURRE** A FRAPPÉ LA NORVÈGE EN 2011.

Bonne et heureuse année!

ESPAGNE : MANGER 12 GRAINS DE RAISIN SUR LE COUP DE MINUIT PORTE CHANCE.

POLOGNE : ON SERT 12 PLATS REPRÉSENTANT LES DOUZE MOIS DE L'ANNÉE.

DILLSBURG, É.-U. : UN CORNICHON EN PAPIER MÂCHÉ D'UN MÈTRE (3 pi) DE LONG EST ILLUMINÉ ET LÂCHÉ DU HAUT D'UN MÂT.

LONDRES, ANGLETERRE : LE 31 DÉCEMBRE 2013, DES CONFETTIS AU PARFUM DE BANANE, DES FLOCONS AU PARFUM DE PÊCHE ET DES BULLES AU PARFUM D'ORANGE ONT ÉTÉ LANCÉS SUR LES FÊTARDS.

ALLEMAGNE : MANGER UN GLÜCKSBRINGER, UN **COCHON** EN **MASSEPAIN,** PORTE CHANCE!

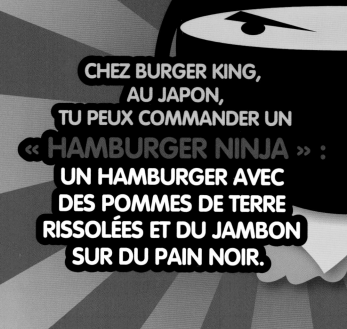

CHEZ BURGER KING,
AU JAPON,
TU PEUX COMMANDER UN
« HAMBURGER NINJA » :
UN HAMBURGER AVEC
DES POMMES DE TERRE
RISSOLÉES ET DU JAMBON
SUR DU PAIN NOIR.

LE **HARICOT**

KILOMÈTRE, OU
HARICOT VERT **CHINOIS,**
NE MESURE...
QU'UN **DEMI-MÈTRE.**

Le président américain Thomas Jefferson a reçu un jour en cadeau une meule de **fromage** de 560 kg (1 235 lb).

DANS UN RESTAURANT NEW-YORKAIS,

LE DÉFI
DAVEY JONES CONSISTE À

MANGER
DEUX LIVRES (900 g) DE PATTES DE CRABE **ET DEUX** FILETS DE POISSON FARCIS,

PLUS **UNE LIVRE** (450 g) DE CREVETTES GRILLÉES, **UNE LIVRE** DE MOULES ET **UNE LIVRE** DE PALOURDES FRITES!

Au départ, les **fourchettes** n'avaient que **2** dents.

LES PARTISANS DU
CLUB DE SOCCER DE CHELSEA
LANCENT DU CÉLERI
SUR LE TERRAIN POUR
NARGUER L'ÉQUIPE ADVERSE.

PENDANT LES FÊTES, EN 2013, LES **FINLANDAIS** POUVAIENT PAYER LEUR BILLET D'AUTOBUS AVEC DES BISCUITS EN PAIN D'ÉPICE.

LES CANADIENS DES RÉGIONS CÔTIÈRES **SE RÉGALENT D'UNE ALGUE** ROUGE SÉCHÉE APPELÉE PETIT GOÉMON.

MORTIFIER =

Laisser vieillir un aliment, comme de la viande, pour l'attendrir.

DANS CERTAINES RÉGIONS DE LA FRANCE, ON UTILISE DES **COCHONS POUR FLAIRER LES TRUFFES,** DES CHAMPIGNONS COMESTIBLES QUI POUSSENT SOUS LA TERRE.

LES TRUFFES LES PLUS CHÈRES PEUVENT VALOIR PLUS DE **12 000 $ LE KILO** (6 000 $ LA LIVRE)!

Au **Barbie Café** à Taipei, à Taïwan, les serveuses portent des **diadèmes et des tutus roses.**

66

Même vieille de deux ans, **une tranche du gâteau de noces** du prince William a été vendue aux enchères pour **4 160 $** en 2013.

IL EXISTE DES MUFFINS À SAVEUR DE BEIGNE.

68

UN **DESSINATEUR** DE MODE CANADIEN A **CRÉÉ** UN **JEANS** **« À GRATTER »** QUI SENT LA MENTHE.

LA PLUS **GRANDE** TARTE À LA CITROUILLE DU MONDE FAISAIT **6 MÈTRES** (20 pi) DE DIAMÈTRE ET PESAIT **1 678 KILOS.** (3 699 lb)

POUR 6 500 $, TU PEUX ACHETER UN LUMINAIRE SPÉCIAL COMPOSÉ D'ENVIRON 15 000 OURSONS EN ACRYLIQUE QUI IMITENT LA GÉLATINE.

En Chine, il ne faut jamais couper ses nouilles : longue nouille = longue vie.

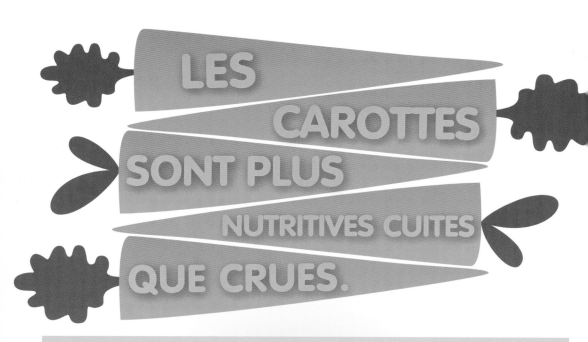

LES CAROTTES SONT PLUS NUTRITIVES CUITES QUE CRUES.

EN **ÉCOSSE,** IL EXISTE **UN CONCOURS QUI CONSISTE** À LANCER DU HAGGIS EN SE TENANT DEBOUT **SUR UN TONNEAU.** LE RECORD EST DE **66 MÈTRES.**

(217 pi)

Le 7 mars est la JOURNÉE NATIONALE des CÉRÉALES.

UN **PHOTOGRAPHE** DE PHILADELPHIE (PENNSYLVANIE), AUX ÉTATS-UNIS, DONNE À DE LA **VIANDE** LA FORME D'OBJETS, DE PERSONNES OU D'ENDROITS, COMME LES ÉTATS-UNIS D'AMÉRIQUE.

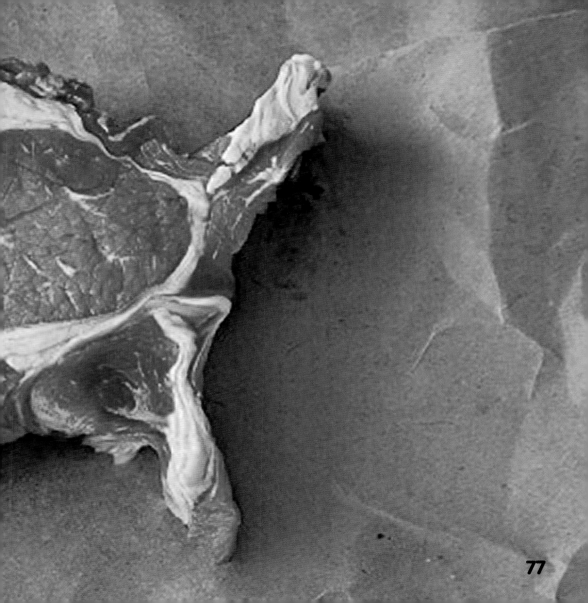

CHAQUE ANNÉE, ON FABRIQUE PLUS DE 8 MILLIARDS DE BONBONS EN FORME DE CŒUR PORTANT UN MESSAGE... C'EST ASSEZ D'AMOUR POUR EN DONNER À TOUT LE MONDE!

LES PARTICIPANTS DU **DÉFILÉ DE NOËL** DE BERRIEN SPRINGS (MICHIGAN), AUX ÉTATS-UNIS, LANCENT DES **CORNICHONS** AUX SPECTATEURS.

La ville de Los Angeles a **adopté une résolution afin d'encourager les gens à ne pas consommer de viande le lundi.**

79

DES CHERCHEURS ONT TROUVÉ DES MORCEAUX DE PAIN VIEUX DE 5 500 ANS DANS UNE FOSSE À OXFORDSHIRE, EN ANGLETERRE.

Il faut une ordonnance médicale pour acheter de la gomme à Singapour.

Dans les années 1830, le ketchup était vendu sous forme de pilules pour traiter les maux d'estomac.

LE MOT QUI DÉSIGNE LA COULEUR ORANGE VIENT DU NOM DU FRUIT.

Il y a du **pepperoni** sur plus d'un tiers des **pizzas** vendues en Amérique du Nord; c'est la **garniture la plus populaire** au Canada et aux États-Unis.

ALEKTOROPHOBIE : peur des poulets

Selon une étude, **UNE BOISSON** servie dans un **contenant bleu SEMBLE PLUS froide** QUE SI LE CONTENANT était **rouge** ou **vert**.

Le polypore soufré

est un champignon qui a une saveur de poulet.

83

En **Afrique** australe, les gens attrapent, écrasent et font sécher des **vers mopanes,** une sorte de **chenille géante,** pour les manger.

UN
SEUL **GRIOTTIER DONNE**
EN MOYENNE
7 000 CERiSES.

85

En Australie, des « skieurs » chaussent des melons d'eau entiers et glissent sur une bâche badigeonnée de savon et de melons écrasés.

LE POULET
FRIT
KENTUCKY

EST UN REPAS
POPULAIRE POUR LE
RÉVEILLON, AU JAPON.

PEU IMPORTE LEUR COULEUR, LES FROOT LOOPS ONT TOUS LA MÊME SAVEUR.

La **croquette** de **poulet** la **plus grosse** du monde pesait **23,6 kilos.** (52 lb) C'est **720 fois** la grosseur d'une **croquette ordinaire!**

Il existe des **cannes en sucre** à saveur de **cornichon** à l'aneth ou de **wasabi.**

DANS L'ÉGYPTE ANCIENNE, ON UTILISAIT DES RADIS POUR EMBAUMER LES MORTS.

Les scientifiques cherchent à créer une assiette qui n'aurait jamais besoin d'être lavée.

LA COULEUR DES ATTACHES DES SACS DE PAIN INDIQUE LE JOUR DE LA SEMAINE OÙ LA MICHE A ÉTÉ CUITE.

92

ORGANISER UN BARBECUE DANS LA RUE EST UNE FORME DE PROTESTATION AU BRÉSIL.

Il existe un gadget pour les téléphones intelligents qui émet l'odeur de différents aliments, comme celle de la viande qui grésille.

93

DANS UN RESTAURANT DES MALDIVES, IL EXISTE UNE **SALLE À MANGER SOUS-MARINE À 5 MÈTRES** (16 pi) **SOUS LE NIVEAU DE LA MER.**

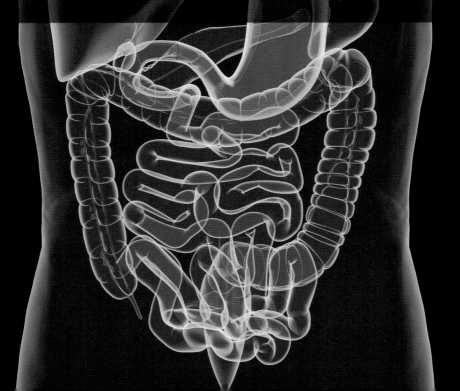

LA SUPERFICIE TOTALE DE TON **INTESTIN GRÊLE, L'ORGANE QUI T'AIDE À DIGÉRER LA NOURRITURE,** ÉQUIVAUT À CELLE **D'UN TERRAIN DE TENNIS.**

Il faut environ **40 pommes** pour produire 4 litres (1,6 gallon) **de cidre.**

Le restaurant **Pets Deli** à Berlin, en Allemagne, sert des repas gastronomiques aux **chiens** et aux **chats.**

Les **cristaux** de la **crème glacée Dippin' Dots** sont **50 fois plus petits** que ceux de la crème glacée ordinaire.

FAIRE CUIRE UN ŒUF DUR (DE POULE) PREND ENVIRON

12 MINUTES.

MAIS CELA PREND

90 MINUTES SI C'EST **UN ŒUF** D'AUTRUCHE.

À BORD DE LA STATION SPATIALE INTERNATIONALE, DU VELCRO EMPÊCHE LES ASSIETTES ET LES BOLS DE FLOTTER DANS LES AIRS.

L'odeur caractéristique du fromage bleu et celle des pieds qui transpirent viennent de la même bactérie.

IL SE VEND 17
DIFFÉRENTES SAVEURS DE

CHEERIOS

EN AMÉRIQUE DU NORD.

UN **RESTAURANT** DE PHILADELPHIE (PENNSYLVANIE), AUX ÉTATS-UNIS,

SERT SES TACOS DANS DES COQUILLES

EN BACON.

Un sondage mené auprès d'environ **3 000 Anglais** *a révélé que le* **principal problème** *lors du* **déjeuner,** *c'est le beurre* **trop** froid pour être tartiné.

Grâce à des protéines de méduse, un homme a inventé une sorte de crème glacée qui brille lorsqu'on la lèche.

DINDE GIGOGNE = UN POULET DANS UN CANARD DANS UNE DINDE.

ON POURRA PEUT-ÊTRE UN JOUR PRÉVENIR **LES CARIES** EN AJOUTANT DES **BACTÉRIES AUX BONBONS.**

IL EXISTE DES BIJOUX FAITS AVEC DES FLOCONS DE POMMES DE TERRE.

Il y a 400 ans, les Anglaises ornaient leurs chapeaux et leurs robes de **fanes de carottes.**

Le « fruit miraculeux » d'Afrique de l'Ouest empêche les papilles gustatives de **goûter** l'acidité d'un aliment, qui semble alors sucré.

L'IGNAME EST DAVANTAGE APPARENTÉE AU **LYS** QU'À LA **PATATE DOUCE.**

Le moment le plus **propice** aux **pets** est cinq heures après avoir diné ou soupé.

AU 19E SIÈCLE, LES **GUERRIERS** DES ÎLES KIRIBATI, DANS LE **PACIFIQUE**, PORTAIENT DES **ARMURES** FAITES DE NOIX DE COCO ET DE POISSONS.

À HAWAÏ, ON TROUVE DES FRIANDISES GLACÉES À SAVEUR DE JAMBON EN CONSERVE.

AU JAPON, ON PEUT ACHETER DES CHEETOS À SAVEUR DE MOUNTAIN DEW.

105

UN **CITRONNIER** PEUT PRODUIRE JUSQU'À **272 KILOS** (600 lb) DE FRUITS PAR ANNÉE, ASSEZ POUR **100 PICHETS** DE LIMONADE!

L'un des inventeurs de la machine à barbe à papa était dentiste.

UN
HAMBURGER
FAIT AVEC DE LA VIANDE CULTIVÉE
EN **LABORATOIRE** A CÔÛTÉ PLUS DE
325 000 $.
C'EST ENVIRON
100 000 FOIS
LE PRIX D'UN **HAMBURGER ORDINAIRE**.

Pour promouvoir la nouvelle **gomme Dubble Bubble,** lors de son invention, des représentants de la société Fleer ont appris aux gens à **faire des bulles.**

On produit annuellement près de **40 milliards de litres de soda.** (10,4 milliards de gallons) Ce serait assez pour donner à chaque Canadien **neuf cannettes de 355 ml** (12 oz) **par jour.**

Les Italiens mangent en moyenne 250 g (1/2 lb) **de pain par jour.**

110

CHOCOLAT NOIR

LE PLUS GROS CHOCOLAT « HERSHEY'S KISSES » DU MONDE **PESAIT 13 853 KG,** (30 540 lb) L'ÉQUIVALENT DE **TROIS MILLIONS** DE CHOCOLATS NORMAUX!

UNE RÉPLIQUE DE LA **MAISON-BLANCHE** PESANT **136 KG** (300 lb) A ÉTÉ CONFECTIONNÉE EN **PAIN D'ÉPICE.**

LES TÊTES DE VIOLON, ÇA SE MANGE : CE SONT LES CROSSES RECOURBÉES DES JEUNES FOUGÈRES.

LES TUDOR MANGEAIENT À NOËL
UN PIGEON
DANS UNE PERDRIX
DANS UN POULET
DANS UNE OIE
DANS UNE DINDE,
ENTOURÉS DE PÂTE.

EN MOYENNE, LES JEUNES NORD-AMÉRICAINS MANGENT 1 500 SANDWICHS AU BEURRE D'ARACHIDE ET À LA CONFITURE DURANT LEURS ÉTUDES SECONDAIRES.

UN BRITANNIQUE A ÉTABLI UN RECORD MONDIAL EN LANÇANT UNE ARACHIDE À 38 M (124 pi) DE DISTANCE, L'ÉQUIVALENT DE 3,5 AUTOBUS SCOLAIRES.

Baskin-Robbins a déjà vendu de la crème glacée à saveur de ketchup.

TUROPHOBIE : PEUR DU FROMAGE

Les tarentules frites sont une collation populaire au Cambodge.

EN 2017, 10 000 BOÎTES DE LUCKY CHARMS GUIMAUVES SEULEMENT ONT ÉTÉ PRODUITES.

IL FAUT TIRER **LE PIS** D'UNE VACHE ENVIRON **350 FOIS** POUR OBTENIR QUATRE LITRES (1 gallon) DE LAIT.

IL EXISTE DES USTENSILES HYBRIDES : LA FOURCHETTE-COUTEAU, LA CUILLÈRE-COUTEAU ET LA CUILLÈRE-FOURCHETTE.

La plus grande **tablette de chocolat** du monde pesait près de **5 800 kg,** (12 770 lb) soit environ le poids d'un éléphant d'Afrique.

À L'ACTION DE GRÂCE, UN **AMÉRICAIN** MOYEN CONSOMME ENVIRON

4 500

CALORIES, L'ÉQUIVALENT DE 26 POINTES DE PIZZA AU FROMAGE!

Néophobie alimentaire : peur de manger quelque chose de nouveau

Il est plus difficile d'apprécier le goût des aliments sucrés ou salés dans un avion en vol.

UN CALIFORNIEN A ÉTABLI UN RECORD MONDIAL EN MANGEANT 69 HOTDOGS EN MOINS DE 10 MINUTES.

SELON UNE ÉTUDE,
IL FAUDRAIT

2,4 MILLIONS
DE **GOÉLANDS**
POUR SOULEVER
LA PÊCHE DE

JAMES ET LA GROSSE PÊCHE,

ET **NON 501**
COMME ON LE DIT
DANS LE ROMAN.

CERTAINS TYPES DE
VINAIGRE BALSAMIQUE
COÛTENT PLUS DE
60$ LES 30 MILLILITRES.
(1 oz)

Dans une crèmerie de la Californie, aux États-Unis, la crème glacée est barattée à l'aide de bicyclettes.

LE **CHANDELIER** DU **PALAIS DES NOIX DE COCO,** AUX PHILIPPINES, EST FAIT DE 101 COQUILLES DE NOIX DE COCO!

AU JAPON, **UN CAFÉ** OFFRE AUX **CLIENTS SEULS** UN **ANIMAL** EN **PELUCHE GÉANT** QUI LEUR TIENT COMPAGNIE PENDANT LE **REPAS.**

POUR PROMOUVOIR SES PRODUITS, UNE ENTREPRISE BRITANNIQUE DE BISCUITS A INSTALLÉ UN JOUR DU PAPIER PEINT À LÉCHER DANS UN ASCENSEUR LONDONIEN.

APRÈS « OK », « COCA-COLA » EST LE MOT LE PLUS CONNU DU MONDE.

L'AMÉRICAIN MOYEN PASSE UNE HEURE ET QUART PAR JOUR À MANGER ET À BOIRE.

IL SE VEND
ENVIRON DEUX MILLIONS DE
CUISSES DE DINDE GÉANTES
PAR AN DANS LES
PARCS THÉMATIQUES
DE DISNEY AUX
ÉTATS-UNIS.

AU JAPON, LE « **HAMBURGER AUX FLEURS DE CERISIER** » DE McDONALD'S EST SERVI SUR UN PAIN ROSE.

Malgré son nom, la « **trompette-de-la-mort** » est un **champignon** comestible.

En Israël, un homme a cultivé un **citron** qui est devenu aussi gros qu'un ballon de **basketball!**

LA SAVEUR MYSTÈRE DES SUÇONS DUM DUM EST EN FAIT UN MÉLANGE DE DEUX SAVEURS ORDINAIRES.

(CETTE SAVEUR EST PRODUITE QUAND LA CHAÎNE DE PRODUCTION PASSE D'UNE SAVEUR À UNE AUTRE.)

ON PEUT SE SERVIR DE **kiwis** POUR ATTENDRIR LA VIANDE.

Le bonhomme Pillsbury s'appelle **Poppin' Fresh.** Son épouse s'appelle **Poppie,** et leurs deux enfants, **Popper** et **Bun-Bun.**

Pendant **un an,** une **femme** de Seattle (Washington), aux États-Unis, a pris **tous ses repas** dans un café-restaurant.

Certains **cafés-restaurants** diffusent une **odeur artificielle de café dans l'air** pour inciter les clients à consommer.

ON PRODUIT CHAQUE JOUR 15 MILLIONS DE BARRES SNICKERS. C'EST PRESQUE ASSEZ POUR EN DONNER DIX À CHAQUE MONTRÉALAIS!

La couleur la plus populaire de **bonbons** en **gélatine** est le **rouge.**

IL Y A 500 ANS, SEULS LES HABITANTS DE L'AMÉRIQUE DU NORD ET DU SUD CONNAISSAIENT LES PIMENTS ROUGES, LE CHOCOLAT ET LES TOMATES.

SELON UNE ÉTUDE RÉCENTE,

54 %

DES GENS ONT DÉJÀ SERVI DES ALIMENTS QUI ÉTAIENT TOMBÉS PAR TERRE.

Des scientifiques ont récemment découvert des morceaux de datte pris entre les dents d'un squelette d'homme de Néandertal âgé de 40 000 ans.

LE RESTAURANT QUI AURAIT INVENTÉ LE HAMBURGER A UNE RÈGLE STRICTE : PAS DE KETCHUP.

Un exemplaire du **livre de cuisine** le plus cher au monde, *Modernist Cuisine*, coûte plus de **625 $.**

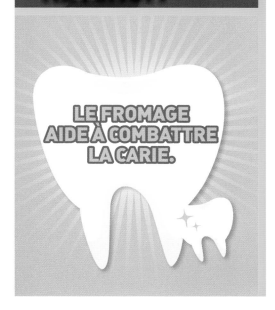

LE FROMAGE AIDE À COMBATTRE LA CARIE.

EN **RUSSIE**, ON PEUT ACHETER DES **CROUSTILLES** AU **CAVIAR.**

LES ÉTIQUETTES BLEUES SUR LES BANANES DE LA MARQUE CHIQUITA SONT COLLÉES UNE À UNE À LA MAIN.

UN AVOCAT CONTIENT

LA PLUPART DES BANANES ONT LE MÊME CODE GÉNÉTIQUE.

DEUX FOIS PLUS DE POTASSIUM QU'UNE BANANE.

UNE SAUCISSE SUR BÂTONNET

DE 46 CM
(18 PO)

VENDUE DANS UN **STADE DE BASEBALL DE L'ARIZONA** CONTIENT AUTANT DE CALORIES QUE

9 SANDWICHS AU BEURRE D'ARACHIDE.

L'eau de coco a déjà servi de **substitut à court terme** au **plasma sanguin** chez les humains.

À Rome, en Italie, **on sert du gelato au saumon fumé.**

Le Canada compte plus de beigneries par habitant que n'importe quel autre pays.

Les gens intrépides SONT DAVANTAGE PORTÉS À **manger** des **mets épicés** QUE LES GENS PRUDENTS.

La baconnaise, une mayonnaise à saveur de bacon, ne contient aucune trace de bacon.

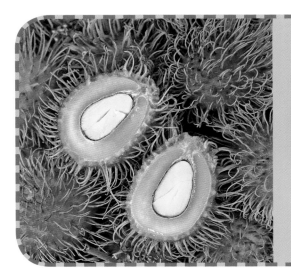

LE MOT **RAMBOUTAN,** NOM D'UN FRUIT D'ASIE, VEUT DIRE « **POILU** » EN MALAISIEN.

AU WISCONSIN, ON A DÉJÀ UTILISÉ DE LA SAUMURE DE FROMAGE POUR DÉGLACER LES ROUTES.

APRÈS AVOIR MANGÉ UN REPAS DANS UN RESTAURANT RAPIDE, IL FAUDRAIT COURIR UN DEMI-MARATHON POUR BRÛLER TOUTES LES CALORIES.

À BORD DE LA STATION SPATIALE INTERNATIONALE, **93 %** DE LA SUEUR ET DE L'URINE DES ASTRONAUTES SONT RECYCLÉS ET TRANSFORMÉS EN EAU POTABLE.

143

UNE PÂTISSERIE DU ROYAUME-UNI A PRÉPARÉ UN **GÂTEAU DE MARIAGE DE HUIT ÉTAGES** GARNI DE **2 000 DIAMANTS...** QUI VAUT ENVIRON **50 MILLIONS DE DOLLARS.**

POUR BATTRE LE RECORD DU MONDE, TU DEVRAIS **ENGLOUTIR** UNE **PIZZA** MOYENNE EN MOINS DE 41 SECONDES.

À SINGAPOUR, ON PEUT ACHETER DE LA **PURÉE DE POMMES DE TERRE CHAUDE** DANS UNE **MACHINE DISTRIBUTRICE.**

LES VISITEURS PEUVENT FAIRE LEUR PROPRE

SOUPE AUX NOUILLES FRAÎCHES

AU MUSÉE MOMOFUKU ANDO DES NOUILLES INSTANTANÉES

À OSAKA, AU JAPON.

Si on alignait tous les **poussins** en guimauve Peeps produits chaque année, on pourrait faire deux fois le tour du monde.

146

LE **ROT** LE PLUS **BRUYANT** DU MONDE A **PRODUIT** PLUS DE DÉCIBELS QU'UNE PERCEUSE MANUELLE.

La **carotte** la **plus longue** au monde était aussi longue qu'un **VUS.**

Il y a près de 4 000 ans, les Chinois enterraient de gros morceaux de fromage avec leurs morts.

LA RHUBARBE EST L'UNE DES PLANTES LES PLUS TOXIQUES POUR LES CHIENS.

OUACHE! ÇA PUE L'OIGNON!

LES **OIGNONS** SONT **TOXIQUES** POUR LES **CHATS!**

Un musée du New Jersey, aux États-Unis, abrite une collection de plus de 5 400 cuillères!

La couleur **rouge** peut te donner de l'appétit.

Chaque printemps, on produit assez de **bonbons haricots** pour remplir un **œuf de Pâques** en plastique haut de **neuf étages**.

Les mineurs échangeaient leur **or** contre des **pommes de terre** pendant la ruée vers l'or en Californie.

LA LISTE D'ATTENTE **POUR MANGER DANS UN** RESTAURANT D'EARLTON (ÉTAT DE NEW YORK), AUX ÉTATS-UNIS, EST DE **10 ANS.**

EN MOYENNE, LES AMÉRICAINS **MANGENT 7 KILOS** (15 lb) DE CÉRÉALES PAR ANNÉE.

UN HOMME **A MANGÉ 233 HUÎTRES** CRUES EN TROIS MINUTES.

Les **Grecs de l'Antiquité** croyaient que la **menthe** pouvait guérir le hoquet.

Il a déjà existé une machine distributrice qui offrait aux clients des **biscuits Oreo** imprimés en **3D**.

153

CHOUX DE BRUXELLES

CHOU FRISÉ

KALETTES

UN ARTISTE ISRAÉLIEN CRÉE DES
RÉPLIQUES MINIATURES D'ALIMENTS
12 FOIS PLUS PETITES QUE LES VRAIS.

Au Royaume-Uni, on peut acheter des **frites gaufrées** qui ont la forme des symboles utilisés sur les **médias sociaux**, comme #, @ et les émoticônes.

LES ENFANTS QUI PRÉFÈRENT LES ALIMENTS SUCRÉS AUX ALIMENTS SALÉS SONT SOUVENT GRANDS POUR LEUR ÂGE.

DES **SCIENTIFIQUES** DE L'ARMÉE AMÉRICAINE ONT CRÉÉ UNE **PIZZA** QUI PEUT ÊTRE CONSERVÉE À LA TEMPÉRATURE DE LA PIÈCE PENDANT TROIS ANS SANS MOISIR.

La mangue est de la même famille que la pistache... et **l'herbe à puce.**

Si on empilait toutes les **pommes** mangées
en une année à **Disney World,**
à Orlando (Floride), aux États-Unis,
on atteindrait une hauteur équivalente à
3 420 châteaux de Cendrillon.

UN DESIGNER JAPONAIS A CRÉÉ DES ASSIETTES, DES BOLS ET DES BAGUETTES MANGEABLES AVEC UNE PÂTE À BISCUITS SPÉCIALE.

159

DEUX
ARTISTES CULINAIRES
ONT CONFECTIONNÉ
UNE RÉPLIQUE DE LA
FAMEUSE PYRAMIDE
DU **LOUVRE**
EN UTILISANT DU PAIN D'ÉPICE,
DES BONBONS DURS
ET DE LA RÉGLISSE.

TU PEUX ACHETER UNE ROULETTE GUIDÉE PAR LASER POUR COUPER TA PIZZA EN POINTES PARFAITEMENT ÉGALES.

Dans un restaurant **de Nouvelle-Zélande,** les hamburgers sont propulsés jusqu'aux tables des clients dans des tubes transparents à une vitesse de 140 km (87 mi/h) à l'heure.

Les croustilles ont été inventées en 1853 par George Crum.

25 % DES BISCUITS VENDUS PAR LES JEANNETTES SONT AU CHOCOLAT À LA MENTHE.

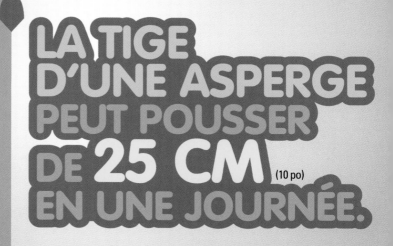

LA TIGE D'UNE ASPERGE PEUT POUSSER DE **25 CM** (10 po) EN UNE JOURNÉE.

GIUSEPPE ARCIMBOLDO, **UN PEINTRE ITALIEN** DU 16E SIÈCLE, PEIGNAIT DES ASSEMBLAGES DE **FRUITS** ET DE **LÉGUMES** RESSEMBLANT À DES **VISAGES HUMAINS.**

À L'ÉPOQUE COLONIALE, LES VENDEURS DE FRUITS LOUAIENT DES ANANAS QUI SERVAIENT DE CENTRE DE TABLE.

Tu peux acheter des chandelles qui sentent le hamburger.

Dans l'Égypte antique, les paniers d'oignons étaient des offrandes funéraires.

LA PLUPART DES AMÉRICAINS MANGENT RÉGULIÈREMENT MOINS DE 30 ALIMENTS DIFFÉRENTS.

IL N'Y A PAS
SEULEMENT DES
**PATATES
DOUCES
ORANGE.**
IL Y EN A AUSSI DES
BLANCHES,
DES **JAUNES,**
DES **ROUGES** ET DES
VIOLETTES.

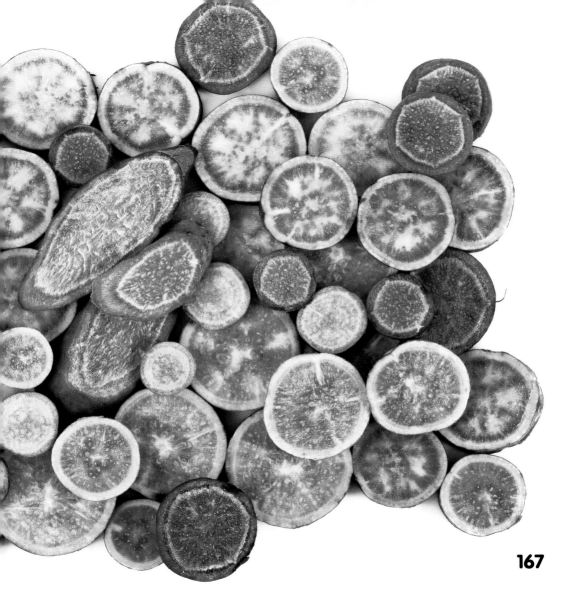

CHRISTOPHE COLOMB A EMPORTÉ DES **CORNICHONS** POUR SON VOYAGE VERS LE NOUVEAU MONDE.

AU 17E SIÈCLE, LES **CURE-DENTS** DE LA **HAUTE SOCIÉTÉ** ÉTAIENT FAITS EN OR, EN **ARGENT** OU EN **IVOIRE.**

LE BACON SUR BÂTONNET ENROBÉ DE CHOCOLAT EST UN RÉGAL À LA FOIRE DE L'ÉTAT DU WISCONSIN, AUX ÉTATS-UNIS.

« FLEURS DE CERISIER », « PATATE DOUCE » ET « GRAINES DE SÉSAME NOIRES » SONT DES PARFUMS DE **CRÈME GLACÉE** POPULAIRES AU JAPON.

La tomate la plus lourde du monde pesait 3,51 kg (7 lb, 12 oz), soit autant qu'un nouveau-né en bonne santé.

169

LE PAIN TRANCHÉ
A ÉTÉ
BRIÈVEMENT INTERDIT
AUX ÉTATS-UNIS.

UNE PÂTISSERIE DE

NEW YORK

A VENDU DES **BEIGNES À LA CITROUILLE** FOURRÉS DE DINDE ET DE SAUCE

À L'OCCASION DE L'ACTION DE GRÂCE.

Il faut **75 000 fleurs de crocus** pour obtenir environ **un demi-kilo** (1 lb) de **safran, l'épice** la plus chère du monde.

CE SONT DES ROBOTS QUI PRÉPARENT ET QUI SERVENT TOUS LES REPAS AU ROBOT-RESTAURANT, EN CHINE.

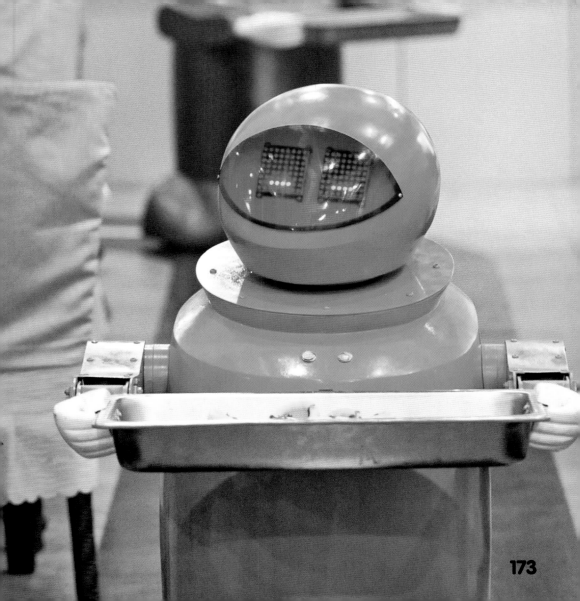

En Thaïlande, on peut manger des **orchidées** frites.

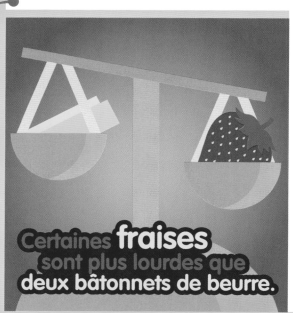

Certaines **fraises** sont plus lourdes que deux bâtonnets de beurre.

LES BAGUETTES ONT ÉTÉ INVENTÉES

CRIC, *CRAC*, CROC = (EN FRANÇAIS)

SNAP, *CRACKLE*, POP (EN ANGLAIS)

PIM, *PUM*, PAM (EN ESPAGNOL)

PIFF, *PAFF*, PUFF (EN SUÉDOIS)

IL Y A PLUS DE 4 000 ANS.

AUTREFOIS, LES GENS CROYAIENT QUE MANGER DE LA **CITROUILLE** POUVAIT FAIRE DISPARAÎTRE LES TACHES DE ROUSSEUR.

UN AMÉRICAIN SUR CINQ A DÉJÀ MANGÉ UNE TARTE ENTIÈRE À LUI TOUT SEUL.

POUR FABRIQUER LE
PLUS GRAND VILLAGE EN **PAIN D'ÉPICE**
AU MONDE, IL A FALLU
1 016 KG (2 240 lb) DE **GLAÇAGE**,
180 KG (400 lb) DE **BONBONS**
ET **227 KG** (500 lb) DE **PÂTE**.

LE SODA
À SAVEUR
D'ANGUILLE
EST POPULAIRE
AU JAPON.

DANS UN CAFÉ
DE LONDRES,
LA NOURRITURE
ET LES BOISSONS
SONT
GRATUITES,
MAIS IL FAUT PAYER
5 ¢
LA MINUTE POUR
S'ASSEOIR.

ON
DÉGLUTIT
ENVIRON
250 FOIS
PENDANT UN
REPAS.

IL EXISTE DES FRAMBOISES VIOLETTES!

IL EST IMPOSSIBLE DE FAIRE DES FRITES DANS L'ESPACE.

PRÈS DE LA MOITIÉ DES PROFITS DES CINÉMAS VIENT DE LA VENTE DES COLLATIONS.

IL Y A DES MILLIONS D'ANNÉES, DES PARESSEUX MARCHEURS GÉANTS MANGEAIENT DES AVOCATS.

Le jaque est le plus gros fruit qui pousse sur un arbre. Il peut peser plus que quatre melons d'eau.

AU CHAMPIONNAT MONDIAL DE TIR DU POIS, EN ANGLETERRE, LES CONCURRENTS TIRENT DES POIS SUR DES CIBLES AVEC UNE SARBACANE.

Un camion de crème glacée

de New York vend un

cornet « Godzilla »

fait de crème glacée à la vanille recouverte de pois au wasabi concassés.

CERTAINES PERSONNES **SE LAVENT** LES CHEVEUX AVEC DES

JAUNES D'ŒUFS.

183

CERTAINES
BANANES
ONT UNE

PELURE
ROUGE
ET UNE

CHAIR
ROSE.

POURTANT, LEUR GOÛT
EST IDENTIQUE À
CELUI DES BANANES
JAUNES.

184

*73 %
des gens qui
cuisinent à la
maison
admettent
qu'ils lèchent
la cuillère.*

LA ROYAUTÉ BRITANNIQUE A DÉJÀ SERVI DU CYGNE LORS DE BANQUETS SPÉCIAUX.

Le menu

d'un restaurant de Budapest, en Hongrie, compte près de **2 000 plats.**

Une entreprise d'Angleterre peut **imprimer** tes photos sur des **guimauves.**

Dans un restaurant de Floride, aux États-Unis, tu peux commander un « milkshake burger » : un hamburger au fromage couronné de crème glacée frite.

Macaroni au fromage,

asperge

et barbe à papa

sont des noms d'aliments et

de couleurs de crayons de cire.

Les Grecs et les Romains de l'Antiquité croyaient que l'odeur du basilic pouvait faire naître des scorpions dans leur cerveau.

Il y a plus de **3 000 ans,** les Égyptiens **mangeaient** déjà du jambon et des œufs au **déjeuner.**

Il faut environ **200 canneberges** pour remplir une boîte de gelée de canneberges en conserve.

189

La tradition japonaise de manger du fugu, le poisson le plus toxique du monde, tue cinq personnes chaque année.

BAS LES PATTES!

LES PREMIÈRES SALLES DE CINÉMA INTERDISAIENT LE MAÏS SOUFFLÉ PARCE QUE C'ÉTAIT SALISSANT.

192

LE PRÉSIDENT AMÉRICAIN
THOMAS JEFFERSON A SERVI
DU MACARONI AU FROMAGE
À UN DÎNER D'ÉTAT.

Un casse-croûte de l'Ohio, aux États-Unis, sert des sandwichs au fromage fondu faits avec des BEIGNES.

PENDANT LA DEUXIÈME GUERRE MONDIALE, ON OFFRAIT AUX ENFANTS DES CAROTTES SUR BÂTONNET PLUTÔT QUE DE LA CRÈME GLACÉE.

LE FRUIT DU CAFÉIER, LA CERISE DE CAFÉ, CONTIENT DEUX GRAINES DE CAFÉ.

EN OHIO, AUX ÉTATS-UNIS, ON A PLANTÉ

109 ÉPIS DE MAÏS

EN BÉTON DE PRÈS DE DEUX MÈTRES (6 pi) DE HAUT DANS UN ANCIEN CHAMP DE MAÏS.

197

ÇA, C'EST BIZARRE!

Le melon d'eau le plus lourd du monde pesait autant que 10 koalas!

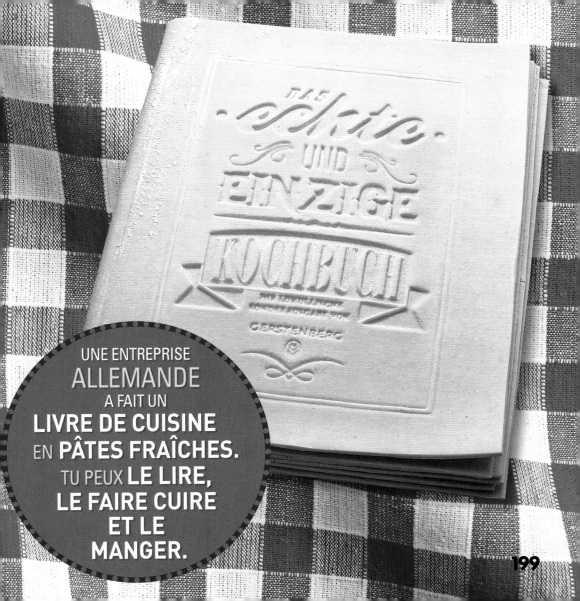

UNE ENTREPRISE **ALLEMANDE** A FAIT UN **LIVRE DE CUISINE** EN **PÂTES FRAÎCHES.** TU PEUX **LE LIRE, LE FAIRE CUIRE ET LE MANGER.**

LE FURETEUR

Les illustrations sont indiquées en **caractères gras**.

LE FURETEUR

LE FURETEUR

Catalogage avant publication de Bibliothèque et Archives Canada

Weird but true! Food. Français
Bizarre mais vrai! La nourriture / texte français du Groupe Syntagme.
(National Geographic kids)

Comprend un index.
Traduction de: Weird but true! Food.
ISBN 978-1-4431-7388-9 (couverture souple)

1. Aliments--Miscellanées--Ouvrages pour la jeunesse. 2. Curiosités et
merveilles--Ouvrages pour la jeunesse. I. Titre. II. Titre: Nourriture. III.
Titre: Weird but true! Food. Français. IV. Collection: National Geographic kids

TX355.W42314 2019   j641.3002   C2018-904360-1

National Geographic est l'une des institutions scientifiques et éducatives à but non lucratif les plus importantes au monde. Fondée en 1888 pour « accroître et diffuser les connaissances géographiques », sa mission est d'inciter le public à se préoccuper de la planète. Chaque mois, la société informe plus de 400 millions de personnes dans le monde entier grâce à son magazine *National Geographic* et à d'autres magazines ainsi que par divers moyens : la chaîne de télévision The National Geographic Channel, des documentaires télévisés, de la musique, des émissions de radio, des films, des livres, des DVD, des cartes, des expositions, des événements en direct, des publications scolaires, des produits multimédias et autres produits dérivés. National Geographic a financé plus de 10 000 projets de recherche scientifique, de préservation et d'exploration, et elle soutient un programme éducatif promouvant le savoir géographique. Pour plus de renseignements, veuillez vous rendre à nationalgeographic.com.

Édition publiée par les Éditions Scholastic, 604, rue King Ouest, Toronto (Ontario) M5V 1E1 avec la permission de National Geographic Partners, LLC.

5 4 3 2 1   Imprimé en Chine 38   19 20 21 22 23

TOUTES LES ILLUSTRATIONS SONT SIGNÉES MODUZA DESIGN, SAUF INDICATION CI-DESSOUS.

ILLUSTRATIONS ET PHOTOS :

COUVERTURE ET DOS, FLICKR RM/GETTY IMAGES; 2, FLICKR RM/GETTY IMAGES; 4-5, STEPHEN BELCHER/MINDEN PICTURES; 5, EVGENY KARANDAEV/SHUTTERSTOCK; 6, GRACIEUSETÉ DE BON VIVANT BABY, LLC; 8 (EN HAUT), CISCA CASTELIJNS/NIS/MINDEN PICTURES; 8 (EN BAS), ALESSANDRO GUERRIERO/SHUTTERSTOCK; 9 (À GAUCHE), TETRA IMAGES/ALAMY; 9 (À DROITE), MAU HORNG/SHUTTERSTOCK; 10-11, TRAVEL IMAGES/ALAMY; 13, POLARIS/NEWSCOM; 14, GRACIEUSETÉ D'ANAMANAGUCHI; 15 (À GAUCHE), ISTOCKPHOTO; 15 (À DROITE), FENG YU/SHUTTERSTOCK; 16-17, CHARLES PHOENIX; 18, JOSEPH GARERI/GETTY IMAGES; 19, ISTOCKPHOTO; 22-23, TIGERGALLERY/SHUTTERSTOCK; 25, MADLEN/SHUTTERSTOCK; 26, VLADIMIR ILIEVSKI/SHUTTERSTOCK; 28-29, ROBERT FRERCK/GETTY IMAGES; 30 (À GAUCHE), SPLASH NEWS/NEWSCOM; 30 (À DROITE), AFRICA STUDIO/SHUTTERSTOCK; 32, AF ARCHIVE/ALAMY; 33, KIM NGUYEN/SHUTTERSTOCK; 34-35, PRINCESSDLAF/ISTOCKPHOTO; 36, KIM NGUYEN/SHUTTERSTOCK; 38, JAGODKA/SHUTTERSTOCK; 39, GRACIEUSETÉ DE STEW LEONARD'S; 40-41, AE PICTURES INC./GETTY IMAGES; 43, AGE FOTOSTOCK SPAIN, S.L./ALAMY; 44, STILLFX/SHUTTERSTOCK; 45, GRACIEUSETÉ DE PUCKER BUTT PEPPER COMPANY; 46, EPA/NEWSCOM; 47, EPA/NEWSCOM; 48, ERIC J. OLSEN; 50 (ARRIÈRE-PLAN), YANG NA/SHUTTERSTOCK; 50 (DEVANT), APPLY PICTURES/ALAMY; 51, GRACIEUSETÉ DE BARNESVILLE RECORD REVIEW; 52, TIM UR/SHUTTERSTOCK; 52-53, TERO HAKALA/SHUTTERSTOCK; 54, UMLAUT1968/SHUTTERSTOCK; 56, TIMABBOTT/ISTOCKPHOTO; 57, SOMMAI/SHUTTERSTOCK; 58-59, ENCIKAN/SHUTTERSTOCK; 58, ALEXANDER DASHEWSKY/SHUTTERSTOCK; 59, PICTURE-ALLIANCE/NEWSCOM; 62, PHOTODISC; 63 (À GAUCHE), MADLEN/SHUTTERSTOCK; 63 (À DROITE), CHUCK PLACE/ALAMY; 64-65, BLOOMBERG NEWS/GETTY IMAGES; 67, AFP/GETTY IMAGES; 69, WENN.COM/NEWSCOM; 70-71, WENN.COM/NEWSCOM; 72, KEVIN CHAMPENY; 76-77, DOMINIC EPISCOPO; 81, IRES003/SHUTTERSTOCK; 82-83, KURKUL/ISTOCKPHOTO; 84, KIM TAYLOR/MINDEN PICTURES; 88-89, GUZEL STUDIO/SHUTTERSTOCK; 94-95, CONRAD MALDIVES RANGALI ISLAND; 96, RAYCAT/ISTOCKPHOTO; 98, JIRI HERA/SHUTTERSTOCK; 100-101, PESKYMONKEY/ISTOCKPHOTO; 103, GRACIEUSETÉ DE PYT BURGER & BAR; 104, NATTIKA/SHUTTERSTOCK; 106-107, VICTORIA ROMANCHENKO/SHUTTERSTOCK; 111, WIREIMAGE/GETTY IMAGES; 112-113, AFP/GETTY IMAGES; 118, DREAMSTIME; 123, JAMES HOAGLAND; 124-125, XPERIANE/FLICKR; 129, GOODSHOOT; 130-131, LOSKUTNIKOV/SHUTTERSTOCK; 130, 3PLUSX/SHUTTERSTOCK; 131, MAGICOVEN/SHUTTERSTOCK; 136-137, MAZZZUR/SHUTTERSTOCK; 136, SAI0112/SHUTTERSTOCK; 139, TAWEESAK THIPROD/SHUTTERSTOCK; 142-143, NASA; 145, D. HURST/ALAMY; 148, ONEINCHPUNCH/SHUTTERSTOCK; 149, THEPROPSHOPPE/ISTOCKPHOTO; 152, DANIEL WIEDEMANN/SHUTTERSTOCK; 153, OLGA POPOVA/SHUTTERSTOCK; 154 (À GAUCHE), PETER ZIJLSTRA/SHUTTERSTOCK; 154 (À DROITE), KIM NGUYEN/SHUTTERSTOCK; 155, KALETTES/SCOTT KNUTSON; 156, SHAY AARON; 159, GRACIEUSETÉ DE RICE-DESIGN, NOBUHIKO ARIKAWA; 160-161, PATRICK WANG/SHUTTERSTOCK; 160 (RÉGLISSE), LISINSKI/ISTOCKPHOTO; 160 (BONBONS), THECRIMSONMONKEY/ISTOCKPHOTO; 164, IMAGNO/AUSTRIAN ARCHIVES/HULTON FINE ART COLLECTION/GETTY IMAGES; 166-167, PHLOEN/ALAMY; 171, MARCO SPERANZA/SHUTTERSTOCK; 172-173, WANG JIANWEI/XINHUA/SIPA USA/NEWSCOM; 176, SEB29/ISTOCKPHOTO; 177, STUDIOSOURCE/ALAMY; 178-179, EPA/NEWSCOM; 181, HXDBZXY/SHUTTERSTOCK; 183, FELICIA CHEN; 184-185, DBIMAGES/ALAMY; 190-191, DAVID FLEETHAM/ALAMY; 195, PUMPUIJA/ISTOCKPHOTO; 196-197, TIM PERDUE; 198 (EN HAUT), ERIC ISSELEE/SHUTTERSTOCK; 198 (EN BAS), LEONID KARCHEVSKY/ISTOCKPHOTO; 198-199, JIRI HERA/SHUTTERSTOCK; 199, PHOTOGRAPHE, JAN BURWICK/STYLISTE, CHRISTOPH HIMMEL

Voici d'autres livres de la collection *Bizarre mais vrai!*